BAFF! Wissen

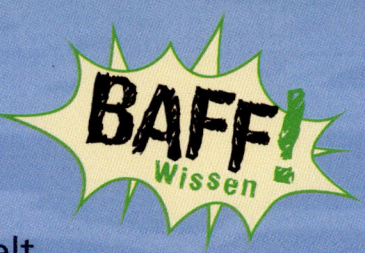

Volker Präkelt/Katalina Präkelt

Mach doch mal blau, Wal!

Warum Wale und Delfine kein Schwimmtraining brauchen und Unterwasserlieder singen

Mit Illustrationen von Katja Wehner

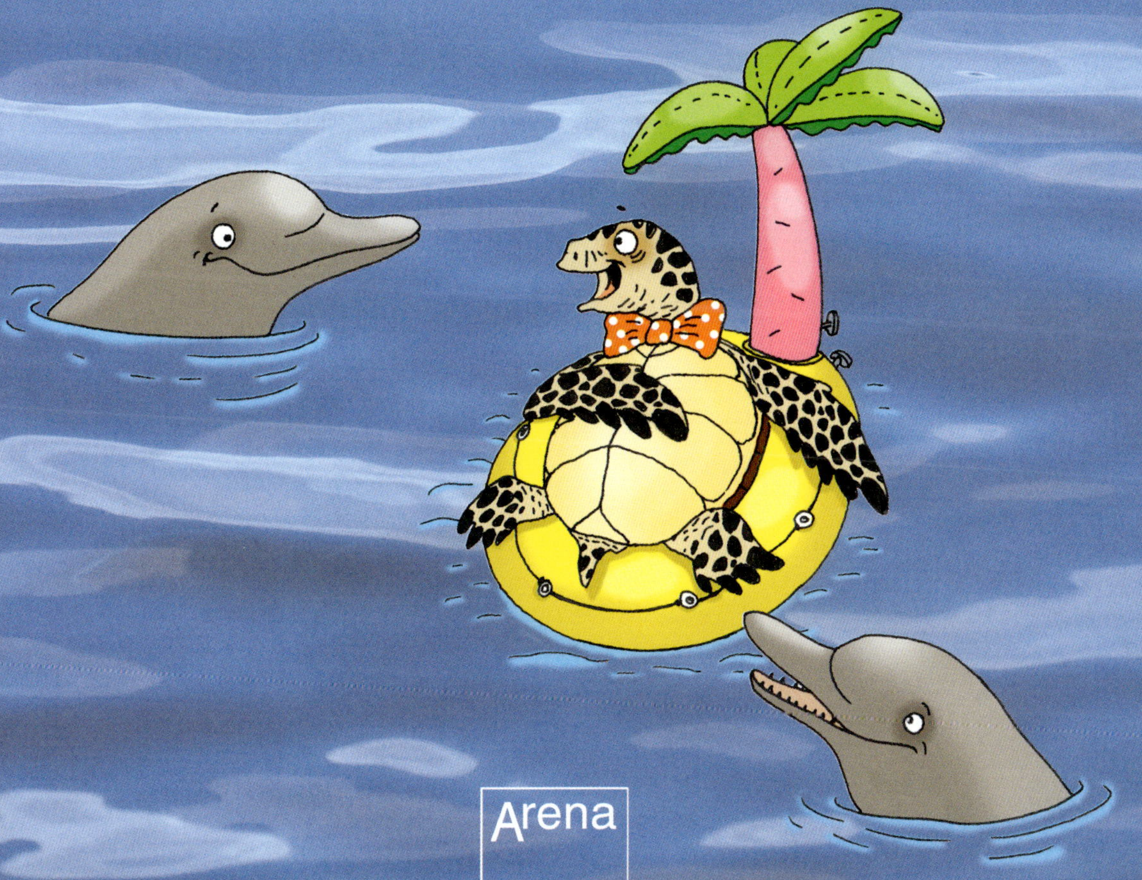

Arena

Volker Präkelt, der Autor, hat schon echte Wale gesehen: vor Neuseeland und Südafrika. Fernsehdelfin Flipper war früher eine seiner Lieblingsserien. Jeder kennt ihn, den klugen Delfin – oder?

Katalina Präkelt Flipper? Welcher Flipper? Tochter und Koautorin Katalina litt im Kino mit dem Schwertwal „Willy". Und schaute sich so manches Delfinarium kritisch an.

Katja Wehner hat schon die Bilder für den Band „Ach, du lieber Gott!" gezeichnet. Ihr großer Traum: Wale malen! Dazu tauchte sie jetzt in die Unterwasserwelt ein.

Paula ist eine frei erfundene Trottellumme. Trottel – was? Der Name ist auch wirklich blöd. Deshalb zeigt Paula immer gern, was sie draufhat.

Carlo ist eine „Echte Karettschildkröte". Na ja – was heißt hier echt? Dass er für BAFF! reden kann, haben wir uns ausgedacht.

Schwertwal

Pottwal

Großer Tümmler

Buckelwal

Blauwal

Schwere Giganten, kleine Flitzer –
Wale tummeln sich in allen Weltmeeren.

Inhalt

RETTET den BLAUWAL

Kennst du den: Mach doch mal blau, Wal!

Carlo

Paula

Ein Schweinswal am Ostseestrand

Reglos liegt der kleine Wal auf dem Sand. Ein Schweinswal!
Menschen haben sich um ihn versammelt. Es sieht aus, als würde ihm
eine Träne aus dem Auge rinnen. „Das ist nichts für dich", sagt mein
Vater und will mich weiterziehen. „Warum hilft ihm denn keiner?",
schreie ich wütend. Der Wal braucht unbedingt Wasser! Touristen
schimpfen, als ich einem kleinen Kind den Buddeleimer aus der Hand
reiße. Egal! Hier geht es um Leben und Tod, nicht um eine Sandburg.

Ich schöpfe Meerwasser und gieße es über dem Tier aus. Endlich
haben auch die anderen begriffen: Der kleine Wal darf nicht austrock-
nen! Sie helfen mit. Plötzlich spüre ich zwei starke Arme. „Danke,
Mädchen. Jetzt übernehmen wir." Hinter mir stehen Männer in neon-
gelben Westen. Sie wuchten den Wal auf eine Trage und ziehen ihn ins
Meer. Gar nicht so einfach! Es dauert eine Weile, aber dann kommt
der Schweinswal wieder zu sich und taucht ab. Vorher macht er einen
Sprung – bestimmt vor Freude.

Jenny

Ich wohne mit meinen Eltern auf Rügen und liebe das Meer und seine Bewohner. Deshalb mache ich im Sommer ein Schülerpraktikum bei den Naturschützern. Voll spannend, was man da alles lernt!

Früher habe ich auf einem Schlauchboot Walfänger verfolgt und gegen die Jagd auf die Meeresriesen gekämpft. Jetzt arbeite ich als Biologe in einem meereskundlichen Museum und erzähle den Besuchern, wie man Wale und Delfine schützen kann.

Jan Holthus

BAFF! Wissen **Steckbrief**

Gewöhnlicher Schweinswal

Familie:
Zahnwal
Größe:
1,50–1,70 Meter
Gewicht:
40–60 Kilogramm

Merkmal: Kein Scheusal, aber ein Scheuwal! Der gewöhnliche Schweinswal zeigt sich nur außerordentlich selten und sucht lieber schnell das Weite, wenn er Menschen sieht.

Die „Träne" ist eine ölhaltige Flüssigkeit. Sie schützt die Augen vor Salzwasser.

Jona und der Wal

Die Rettung des Sängers

Talent und Reichtum sind gut – locken aber böse Menschen an.

Seemannsgarn
im Pottwal-Darm

Seeleute denken sich gern seltsame Geschichten aus.
Welche sind wasserdicht, welche Seemannsgarn?

Biblischer Walhappen

Seemannsgarn. In dieser Bibelgeschichte befiehlt Gott dem Propheten Jona, nach Ninive zu reisen. Aber Jona will woandershin. Das gefällt Gott nicht: Er lässt Jonas Schiff in einen Sturm geraten. Der Prophet fällt ins Meer und wird von einem Wal verschluckt. Nach drei Tagen hat der Meeressäuger die Faxen dicke und spuckt den Betbruder wieder aus. Motto: Besser gleich gehorchen als zum Walhappen werden.

Musikalische Delfine

Halbwegs wasserdicht. Um 600 vor Christus. Der griechische Sänger Arion fällt Piraten in die Hände. Die gewähren ihm als letzten Wunsch ein Abschiedslied. Arions Gesang lockt Delfine an. Er springt von der Drei-Meter-Planke und wird von den musikalischen Meeressäugern an Land getragen. Den Sänger gab es wirklich. Und Delfine, die Menschen vor dem Ertrinken retten, gibt es auch.

Paula plappert

Wale fressen keine Menschen – schon gar nicht am Stück. Geht gar nicht: Selbst der Schlund der größten Tiere hat nur einen Durchmesser von etwa 20 Zentimetern.

Wilde Wale

Seemannsgarn. Moby Dick ist eine Erfindung des amerikanischen Schriftstellers Herman Melville. Die Geschichte geht so: Kapitän Ahab will unbedingt einen weißen Pottwal zur Strecke bringen, der es angeblich auf ihn abgesehen hat. Moby Dick schlägt zurück: Er bringt das Schiff zum Sinken – der böse Kapitän verschwindet in den Fluten. Der Dichter Melville fuhr vier Jahre auf einem Walfänger. Von einem Pottwal wurde er nie angegriffen. Der „gefährliche" Moby Dick ist also ein Fabelwesen.

BAFF! Wissen **Steckbrief**

Pottwal

Familie: Zahnwal
Größe: 11–18 Meter
Gewicht: 20–50 Tonnen

Merkmal: Absolutes Superhirn! Das Gehirn des Pottwals wiegt bis zu 9,5 kg.

Fluke, Finne, Flipper – ein Rätsel

Walexperte Jan kennt die Namen aller Körperteile. Viele fangen mit „F" oder „B" an. Hilf Jenny, die richtigen Schilder zu finden!

Flipper ist hipper. Die Lösung gibt's auf Seite 62.

Wal oder Fisch?
Das ist hier die Frage
Jenny befragt den Meeresbiologen

Jenny: Hallo, Jan! Mein Opa spricht immer von Walfischen. Aber Wale sind doch keine Fische!

Jan: Da hast du recht: Wale sind Säugetiere. Wie die Säugetiere an Land gebären Wale und Delfine lebende Junge, die sie mit Muttermilch säugen.

Jenny: ... und Fische legen ihre Eier im Wasser ab! Und haben Schuppen. Aber manche Delfine und Fische sehen sich doch ähnlich, oder?

So viel trinkt ein Blauwalkalb am Tag.

600 LITER

Paula plappert

Vor vielen Millionen Jahren
lebten Vorfahren der Wale an Land.
Sie hatten Beine. Irgendwann zog es
sie zum Wasser – bessere Nahrung, mehr
Platz und weniger Feinde. So entwickelte
sich der Urwal, der Basilosaurus. Er sah
aus wie eine 20 Meter lange Wasserschlange und
hatte keine Beine mehr, sondern Flipper.

Jan: Stimmt! Um schneller durch das Wasser zu gleiten, haben Fische
und Meeressäuger einen langen Körper, der sich gut den Wellen
anpasst. Innen sind Wale und Fische aber ganz unterschiedlich.
Fische nehmen über ihre Kiemen Sauerstoff aus dem Wasser auf –
sie können also im Wasser atmen. Wale haben Lungen wie wir.
Deswegen brauchen sie zum Atmen Sauerstoff aus der Luft.

Bei Walen steht
die Fluke waagerecht,
bei Fischen senkrecht.

Jenny: Also müssen Wale zum Atmen an die Wasseroberfläche – wie ich beim Tauchen.

Jan: Sie strecken dabei nicht den ganzen Kopf aus dem Wasser. Denn sie atmen durch ihr Blasloch oben am Kopf – das ist ihre Nase. Zahnwale haben ein Blasloch, Bartenwale zwei. Wenn sie dicht unter der Wasseroberfläche schwimmen, stoßen sie durch das Blasloch zuerst die verbrauchte Luft aus. Dann saugen sie die frische Luft ein. Mit ihren großen Lungen können sie eine Menge Sauerstoff aufnehmen und damit sehr lange tauchen. Der Pottwal zum Beispiel kann bis zu zwei Stunden unter Wasser bleiben und 3.000 Meter tief tauchen.

Jenny: Wow, ein echter Rekord-Taucher! Ich kann gerade mal 2,50 Meter tief tauchen – und das höchstens 30 Sekunden lang.

Auch Blubber?

Carlo kennt sich aus

Wale haben unter ihrer glatten Haut eine dicke Fettschicht, die sie auch im kalten Wasser warm hält. Diese Schicht nennt man Blubber.

Glattwale, Grauwale, Blauwale, Finnwale – weltweit gibt es über 80 Walarten.

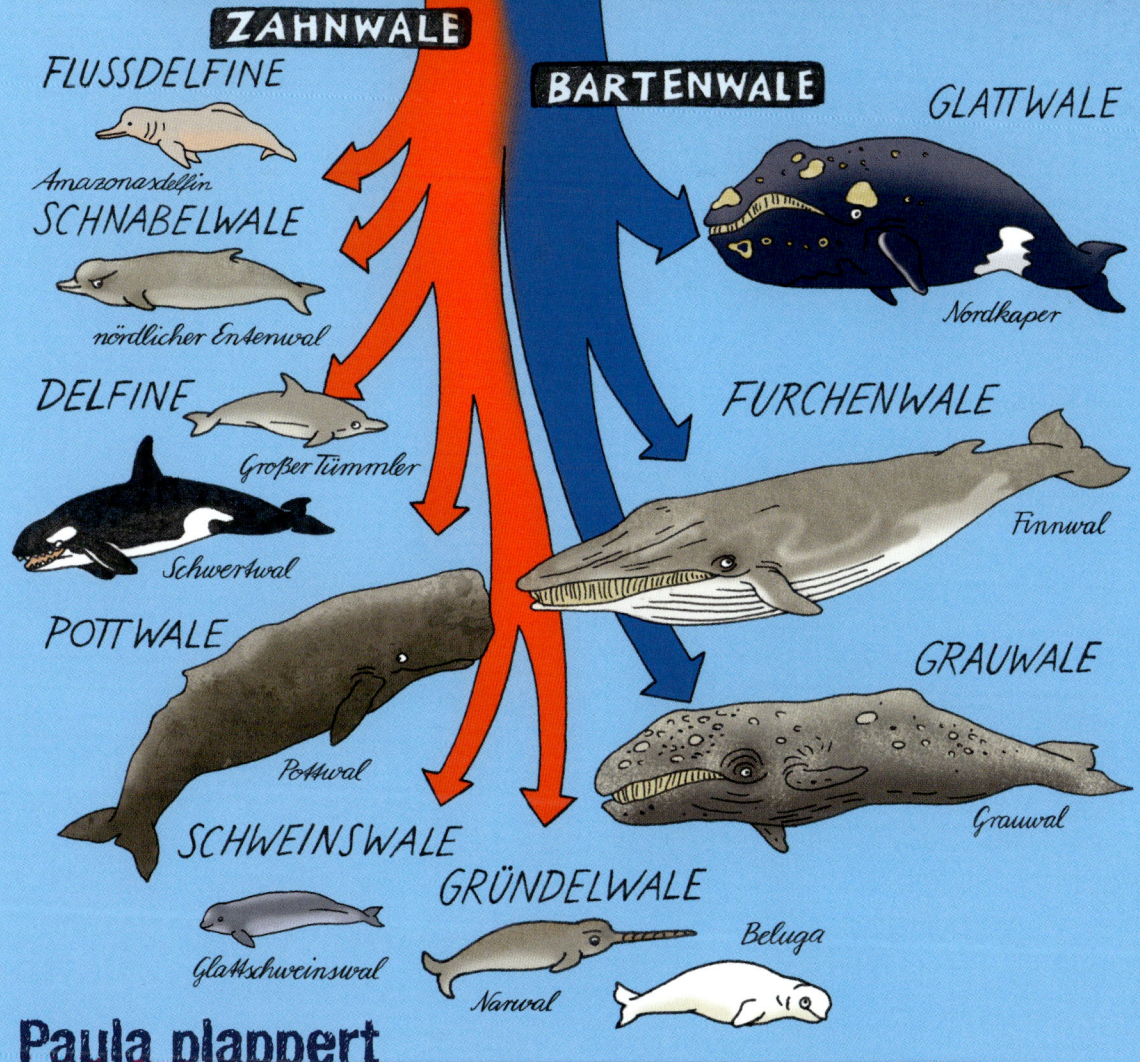

ZAHNWALE

FLUSSDELFINE

Amazonasdelfin

SCHNABELWALE

nördlicher Entenwal

DELFINE

Großer Tümmler

Schwertwal

POTTWALE

Pottwal

SCHWEINSWALE

Glattschweinswal

GRÜNDELWALE

Narwal

Beluga

BARTENWALE

GLATTWALE

Nordkaper

FURCHENWALE

Finnwal

GRAUWALE

Grauwal

Paula plappert

Es gibt Zahn- und Bartenwale. Die einen haben Zähne, um Fische zu zerkauen, die anderen Barten. Das sind faserige Hornplatten, die vom Gaumen herabhängen und mit denen die Tiere Kleinkrebse und Algen aus dem Wasser sieben.

Delfine haben ein feines Gespür
für kranke Kinder –
wie für Toms kleine Schwester Emma.

Emmas
großer Tag

Freitag. Eine nasse, lange Schnauze stupst Emma behutsam an.
Ladina ist aufgetaucht, ein Großer Tümmler! Ladina bedeutet auf
Spanisch „gewitzt" – und die Delfindame macht ihrem Namen alle
Ehre: Immer wieder schwimmt sie um Emma herum und springt
elegant aus dem Wasser. Aber meine Schwester beachtet das Tier
nicht. Emmas Blick schweift in die Ferne. Leise summt sie vor sich hin.

Emma ist neun und lebt in ihrer eigenen Welt. Die Ärzte nennen das
Autismus. Sie lächelt fast nie und spricht selten, schon gar nicht mit
Fremden. Dafür kann sie komplizierte Rechenaufgaben ohne Probleme
lösen. Für Ladina zeigt sie kein Interesse. Dabei sind meine Eltern mit
uns extra nach Florida geflogen. Wenn autistische Kinder mit Delfinen
schwimmen, öffnen sie sich manchmal ein bisschen. Davon ist im
Augenblick aber nichts zu merken. „Kein Problem", beruhigt uns die
Trainerin Kelly, „morgen ist auch noch ein Tag."

BAFF! Wissen Steckbrief

Großer Tümmler

Familie: Zahnwal
Größe: 1,90–3,90 Meter
Gewicht: 150–650 Kilogramm

Merkmal:
Jeder Große Tümmler hat
seinen ganz persönlichen
Klicklaut. Bekannt als „Flipper".

Samstag. Ich sitze am Beckenrand und schlecke ein Eis. Emma ist ganz in sich versunken, als Ladina um sie herumplantscht. Aber die Delfindame gibt nicht auf. Sie dreht ab und wendet – dann rauscht sie auf uns zu und bremst in letzter Sekunde ab. Alle sind klitschnass. Mein Eis kann ich vergessen. Ladina zwitschert und schnattert. Und Emma? Meine Schwester giggelt vor sich hin und klatscht in die Hände.

Samstagabend. Ich schwimme eine Runde mit Ladina und Kelly im Meer. Meine Eltern haben das erlaubt. Ladina springt um uns herum. Bald sehe ich auch andere „Grauflossen". Das sind die Hausdelfine, die das ganze Jahr in der Bucht leben.

Jetzt sind wir doch ganz schön weit rausgeschwommen. Das Meer unter uns ist dunkel. Wind peitscht uns Wasser in die Augen. Die Delfine wirken unruhig. Sie schwimmen dicht um uns herum, schnattern und drängen uns in Richtung Strand. Immer wieder schlagen sie mit ihren Fluken aufs Wasser. Auch Kelly ist besorgt. „Sieht aus, als wollten die Delfine uns warnen. Komm, wir schwimmen zurück!"

Die Delfine begleiten uns. Sie beruhigen sich erst, als wir festen Boden unter den Füßen haben. „So aufgeregt habe ich Ladina noch nie gesehen", wundert sich Kelly. „Aber eines ist klar: Sie muss besorgt um uns gewesen sein. Sonst hätte sie sich nicht so aufgeführt."

Emma schläft schon, als ich heimkomme. Meine Eltern schauen die Nachrichten. Der Sprecher sagt: „Vor der Küste Floridas wurde ein Weißer Hai gesichtet. Der drei Meter lange Jäger wurde in der Nähe von Key Largo entdeckt …" Plötzlich wird mir alles klar. Ich stürme runter in die Hotelhalle. Dort starrt eine sehr blasse Kelly wie gebannt auf den Fernseher. „Da haben wir ja Glück gehabt", sagt sie, „dass wir unsere Delfine dabeihatten!"

Sonntag. Emma sieht glücklich aus, wenn sie Ladinas glatte Haut streichelt oder ihr einen Fisch gibt. Und Ladina schnattert vor sich hin. Dabei war der Ausflug gestern für sie vielleicht gar nichts Besonderes.

Flipper – der beste Freund des Menschen?

Jenny telefoniert mit Trainerin Kelly

Immer lächeln – ein Delfin kann nicht anders, auch wenn er nicht gut drauf ist.

Jenny: Hallo, Kelly! Du hast ja einen tollen Job! Ich würde auch gerne mal mit Delfinen schwimmen. Warum sind die eigentlich so nett zu Menschen?

Kelly: Einige Delfinarten sind sehr zutraulich – wie Flipper in der alten Fernsehserie. Sie schwimmen gerne mit Menschen, besonders mit Kindern. Vor ihnen haben sie keine Scheu. Vielleicht spüren sie, dass Kinder ihnen nichts Böses tun.

Schnell kapiert, Delfin!
Da freut sich die Trainerin.

Jenny: Können Delfine denn wirklich helfen?

Kelly: Sie gehen sehr behutsam mit kranken Kindern um. Für die ist das beruhigend und entspannend zugleich. Es ist gut für die Gesundheit der Kinder, wenn sie Delfine wie Ladina kennenlernen. Warum das so ist, darüber streiten Forscher seit Langem. Aber eines weiß ich: Delfine machen Menschen glücklich – egal ob sie krank oder gesund sind.

Jenny: Stimmt, sie lächeln ja auch immer!

Kelly: Das wirkt nur so. Das ist kein echtes Lächeln. Die Schnauze von Delfinen hat eben diese Form. Dabei können Delfine tatsächlich schlechte Laune haben. Wenn Ladina sich von mir fernhält, lasse ich sie in Ruhe. Denn man sollte nicht vergessen, dass Delfine wilde Tiere sind, die Zeit für sich allein brauchen. Manche Leute sagen sogar, dass es für die Delfine schlecht ist, wenn sie uns helfen.

Jenny: Hm? Können Delfine denn wirklich Menschen retten?

Kelly: Das ist schon vorgekommen. Zunächst einmal passen Delfine gut aufeinander auf. Wenn sich Haie nähern, bilden die starken Delfine einen Ring um die schwachen. Haie haben großen Respekt vor den harten Schnauzen von Delfinen und halten sich lieber von ihnen fern. Auf diese Weise haben Delfine auch schon Menschen in Not geholfen. Vielleicht, weil sie irgendwie merken, dass wir Säugetiere wie sie sind. Großen Fischen helfen sie jedenfalls nicht.

Jenny: Cool! Können Delfine sich auch unterhalten?

Kelly: Klar! Delfine pfeifen, trillern, schnalzen und klicken. Wie wir Menschen hat jeder Delfin seine ganz eigene Stimme. So kann man ihn in der Schule ausfindig machen.

Jenny: Das kenne ich! Bei uns in der Schule erkennt man auch immer, wer gerade was dazwischenruft. Danke für das Interview!

Carlo kennt sich aus

Forscher haben es geschafft, Großen Tümmlern beizubringen, Handzeichen zu verstehen. Daumen hoch!

Um den geheimnisvollen „boto" ranken sich viele Legenden. Der zwölfjährige Luca will den Flussdelfin finden.

Der Flussgeist
aus der Tiefe

Südamerika! Rechts und links ragen Baumstämme aus dem Wasser. Der Motor unseres Bootes stottert. Es ist drückend heiß, das rostige Thermometer zeigt 32°. Regenwaldwetter. Kein Wunder, denn wir sind mittendrin. Vor uns windet sich der größte Fluss der Welt – der Amazonas.

Großvater steht am Bug. Mit seinem wettergegerbten Gesicht, den bunten Holzketten um den Hals und dem Federschmuck in den Haaren sieht er aus wie ein alter Indianer. Er ist auf der Suche nach dem geheimnisvollen Amazonasdelfin, dem *boto*. Angeblich ist er der Herrscher einer goldenen Unterwasserstadt.

„Komm doch mal, Luca!" Opa winkt mich zu sich. Hat er endlich einen gesichtet? Fehlanzeige. Dafür gibt es eine neue Geschichte. „Einst hielt man den *boto* für die Seele eines Ertrunkenen. Nachts verwandelte er sich in einen hübschen jungen Mann im weißen Anzug und besuchte die Dörfer im Regenwald. Die Mädchen waren hingerissen und verliebten sich in ihn. Aber am Morgen musste der junge Mann sie wieder verlassen. Wer weiß, wie viele Herzen er so gebrochen hat?"

Was für ein Quatsch! Aber ich lasse dem alten Mann seinen Spaß. Er runzelt die Stirn. „Du glaubst mir kein Wort, oder? Aber die Menschen hier tun es. Kannst du dir vorstellen, warum die Einheimischen so fasziniert von ihrem *boto* sind?"

„Weil er pink ist?" Immerhin habe ich schon Bilder vom Amazonasdelfin gesehen. Ich weiß sogar, dass sich die Farbe der Amazonasdelfine mit dem Alter verändern kann: Manche kommen silbergrau zur Welt, werden dann pink und im Alter wieder grau oder weiß – so wie Opa! Der klopft mir auf die Schulter. „Aus dir könnte mal ein guter Biologe werden. Wenn ich dir nur endlich die Flussdelfine zeigen könnte ..." Er schüttelt den Kopf. Wir sind seit sechs Tagen unterwegs und haben noch keinen zu Gesicht bekommen.

Amazonasdelfine sind Einzelgänger. Außerdem sind sie scheu. „Ich weiß auch nicht, wo sie sich herumtreiben", seufzt Großvater. „Wenn der *boto* sich nicht zeigt, geht es ihm schlecht. Und wenn es dem Delfin schlecht geht, geht es auch den Menschen schlecht." Manchmal spricht Opa in Rätseln. Aber irgendwie verstehe ich, was er meint. Vielleicht ist dem Amazonasdelfin die Nahrung ausgegangen? Das würde ja auch bedeuten, dass es keinen Fisch mehr für die Menschen gibt.

Carlo kennt sich aus

Der Amazonasdelfin kann gut sehen. Dabei haben Flussdelfine eher schlechte Augen – im trüben Flusswasser erkennen sie kaum etwas. Bei der Jagd orientieren sie sich an den Schallwellen. Wie das funktioniert, steht auf Seite 43!

Am nächsten Morgen werde ich früh wach. Da sehe ich sie: zwei Buckel, die in der Morgensonne glänzen. Direkt vor uns! „Opa, schnell aufwachen!" Schon steht er mit zerzausten Haaren neben mir, ein altmodisches Fernglas vor den Augen. Ich deute auf eine sonnige Stelle. Doch wo gerade noch zwei Buckel glänzten, kräuselt sich nur braunes Wasser. Habe ich etwa Geister gesehen?

Großvater lässt das Fernglas sinken. Er will sich gerade umdrehen. Da: eine graue Schnauze mit rosa Flecken! „Der *boto*!", flüstert Opa andächtig. „Endlich!" Die beiden Tiere tauchen kurz auf, dann verschwinden sie im Amazonas. Nach einer Weile dreht sich Großvater zu mir um. „Die beiden kenne ich, ich bin mir ganz sicher." Von wegen Flussgeister!

BAFF! Wissen **Steckbrief**

Amazonasdelfin

Familie: Zahnwal
Größe: 2,5–3 Meter
Gewicht: 85–160 Kilogramm

Merkmal:
Wassertänzer!
Weil seine Halswirbel nicht verwachsen sind, ist der Amazonas-Delfin sehr beweglich.

Olé!

Rund um die Welt – mit dem fliegenden Delfin!

Haaaallo! Ihr habt euer Essen vergessen ...

Stopp 1 – Santarém, Brasilien

Jenny: Wie kam der *boto* eigentlich in den Amazonas?

Jan: Vor ein paar Hundert Millionen Jahren mündete der Amazonas noch in den Pazifik. Die Urdelfine kamen aus dem Pazifischen Ozean und wanderten flussaufwärts. Damals rumorte es noch gewaltig auf der Erde. Erdplatten verschoben sich – und plötzlich war der Rückweg zum Meer durch ein großes Gebirge versperrt. Die Tiere, die nicht mehr zurück in den Ozean kamen, passten sich an das Leben im Süßwasser an.

Vor 150 Millionen Jahren floss der Uramazonas durch den Urkontinent Gondwana.

GONDWANA

Jenny: Gibt es noch andere Delfinarten, die im Süßwasser leben?

Jan: Oh ja. Im Amazonas, im indischen Ganges, im Indus in Pakistan und in einigen chinesischen Flüssen. Tierschützer befürchten, dass der Chinesische Flussdelfin schon ausgestorben ist.

Stopp 2 – Orlando, Florida

Jenny: Hier sind wir im Delfinarium. Was meinst du – ob der Delfin den Salto freiwillig macht?

Jan: Delfine lernen schnell. Sie wissen, dass sie nach einem Kunststück mit Fisch belohnt werden. Aber immer wieder dieselben Tricks – das langweilt irgendwann jeden Delfin.

Jenny: Die Trainerin sieht nett aus und die Tiere scheinen sie zu mögen.

Jan: Auch wenn sich die Pfleger noch so gut um die Delfine kümmern: Delfine sind Wildtiere. Sie können mehrere Hundert Kilometer am Tag zurücklegen. Sie gehören ins Meer und nicht in ein kleines Becken.

Carlo kennt sich aus

Delfine sind auf der Hut – auch im Schlaf.
Eine Gehirnhälfte ist beim Schlafen immer
aktiv. Ein Auge halten sie offen.

Stopp 3 – Tysfjord, Norwegen

Jenny: In Norwegen finden Orcas besonders viel Futter – frischen Hering. Der Orca da sieht aus, als würde er Männchen machen!

Jan: Er ist auf Beutesuche. Wenn er den Kopf so aus dem Wasser reckt, kann er seine Umgebung besser sehen. Orcas können minutenlang so verharren – und sich dann blitzschnell auf ihre Beute stürzen.

Jenny: Nennt man sie deshalb auch „Killerwale"?

Jan: Orcas sind gefährliche Jäger – aber nur für andere Meeresbewohner. Sie fressen Fische, Robben, Seelöwen und kleinere Delfine. Menschen haben sie in freier Natur noch nie angegriffen. Der deutsche Name für Orca ist Schwertwal, weil seine Finne wie ein Schwert aussieht.

BAFF! Wissen **Steckbrief**

Schwertwal
(auch **Orca** genannt)

Familie: Zahnwal
Größe: 5,5–10 Meter
Gewicht: 3–9 Tonnen

Merkmal: Vielfraß! Ein großer männlicher Schwertwal muss täglich rund 290.000 Kalorien zu sich nehmen – so viel wie 500 Tafeln Schokolade.

Jan: Siehst du den, der sich so elegant durch die Luft schraubt? Das ist ein Spinnerdelfin!

Jenny: Spinnerdelfin? Hat der nicht alle Fischstäbchen im Schrank?

Jan: Das Wort „Spinner" kommt aus dem Englischen: „spin" bedeutet „drehen". In der Luft dreht er sich wie ein Bohrer um sich selbst. Spinnerdelfine sind schnelle und gute Jäger.

Jenny: Da wird den Fischen ganz schwindelig vom vielen Spinnen.

Jan: Kann man so sagen. Spinnerdelfine jagen in Gruppen. Sehen sie einen Fischschwarm, treiben sie ihn zusammen. Und dann schlagen sie zu. Sie schlucken die Fische, ohne zu kauen.

BAFF! Wissen **Steckbrief**

Spinnerdelfin

Familie: Zahnwal
Größe: 1,2–2,3 Meter
Gewicht: 20–80 Kilogramm

Merkmal:
Familiensäuger! Spinnerdelfine leben in Gruppen von bis zu mehreren Tausend Delfinen.

Warum **Wale** wandern

Diana ist dem größten Tier der Welt auf den Fersen – dem Blauwal.

14. September, Anchorage, Alaska

Der Golf von Alaska! Mein Bruder Ben, ein echter Seebär, steuert das Zodiac, ein kleines und wendiges Schlauchboot. Ich lasse das Wasser nicht aus den Augen. Plötzlich eine gewaltige Fontäne! Das kann nur ein Blauwal sein. Für einen kurzen Moment blitzt seine Finne auf. Ich fotografiere ein Bild nach dem anderen. Warum? Wir wollen den Blauwalen folgen. Es gibt nicht mehr viele von ihnen. Vielleicht weniger als tausend. Wenn wir wissen, wohin die Wale wandern, können wir sie schützen – und sie vor dem Aussterben bewahren.

15. September, Anchorage

Die Fotos sind gut geworden! Die Finne des Blauwals ist deutlich zu erkennen. Jeder Wal hat da ein eigenes Muster – unverwechselbar wie ein Fingerabdruck. Diese Finne hat einen Fleck in der Form eines Halbmonds und gehört zu einer Walkuh, die ich schon im letzten Jahr im Golf von Alaska gesehen habe. Ich nenne sie Luna.

Mahlzeit, Wal!

Mit einem Happs verschlingt der Wal tonnenweise Wasser und Krill.

Die Haut des Wals dehnt sich aus. Der Wal sieht jetzt aus wie eine große Kaulquappe. Aber wohin mit dem Wasser?

Zurück ins Meer! Der Wal pumpt das Wasser aus sich hinaus – und der Krill bleibt in seinen Barten hängen.

„Krill" ist Norwegisch und bedeutet „was der Wal frisst". Kleinkrebse!

Paula plappert

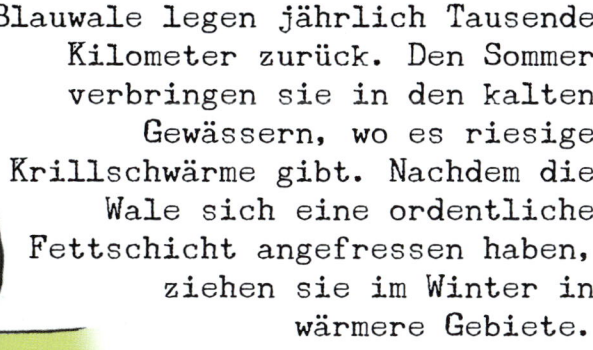

Blauwale legen jährlich Tausende Kilometer zurück. Den Sommer verbringen sie in den kalten Gewässern, wo es riesige Krillschwärme gibt. Nachdem die Wale sich eine ordentliche Fettschicht angefressen haben, ziehen sie im Winter in wärmere Gebiete.

16. November, Santa Barbara

Wird es im Norden kalt, ziehen die Wale in wärmere Gewässer. Wir auch! Heute haben wir zum ersten Mal „Walurlauber" vor der kalifornischen Küste fotografiert. Die Wale werden wohl bis Costa Rica schwimmen.

18. November, Santa Barbara

Enttäuschung an Bord. Alle Fotos sind ausgewertet, aber Luna und die anderen Riesen aus Alaska sind nicht dabei. Haben wir sie verpasst? Oder sind sie gar nicht auf dem Weg nach Süden? Dafür, dass Blauwale die größten Tiere der Erde sind, können sie sich ziemlich gut verstecken!

21. Dezember, La Cruz, Costa Rica

Wir ankern vor der Küste Costa Ricas. Sehr schön hier. Auf unserer Reise habe ich viele Rückenfinnen fotografiert – die „unserer" Wale leider nicht. Ben und ich sind beunruhigt. Hoffentlich ist Luna nichts passiert!

BAFF! Wissen **Steckbrief**

Blauwal

Familie: Bartenwal
Größe: 24–30 Meter
Gewicht:
100–120 Tonnen

Merkmal: Das ist der Ober-Super-Giganto-Wal! Seinen Rekorden haben wir später eine ganze Seite gewidmet. Schau mal auf die Seite 37.

25. Dezember

Gutes Wetter. Plötzlich ragen zwei Blauwalrücken aus dem Wasser. Wo ist die Kamera? Auf der Finne des größeren erkenne ich Lunas Halbmond. Yippie! Wir steuern auf die beiden zu. Der zweite Wal – das muss Lunas Kalb sein! Ich drehe mich zu Ben um. Verstohlen wischt er sich eine Träne aus dem Auge. Da ist sogar ein echter Seebär gerührt.

Frag doch mal Mama Wal!
Sprichst du „Walisch"? Jenny schon – in diesem ausgedachten Interview

Jenny: Hallo, Mama Pottwal! Du hast ja ein süßes Kalb! Wie alt ist er denn der, äh, *Kleine?*

Pottwal: Grüß dich, Jenny! Mein Kleiner ist jetzt ein halbes Jahr alt und schon ganze sechs Meter lang. Aber mit drei Tonnen ein echtes Leichtgewicht. Ich mach mir allmählich Sorgen. Er soll doch groß und stark werden, mein Giganto.

Jenny: Das wird er sicher! Schließlich säugst du ihn mit Milch. Wie lange war Giganto denn in deinem Bauch, bevor er auf die Welt kam?

Groß und klein –
Mama Pottwal und
ihr Kalb.

Fluke voraus!
Ein Schweinswal
wird geboren ...

Pottwal: Och, nur 15 Monate. Zur Geburt sind wir extra zu dieser Insel geschwommen, na wie heißt sie noch ...

Jenny: Rügen?

Pottwal: Nein, Madagaskar! Da kam mein Kleiner auf die Welt ... ganze dreieinhalb Meter lang. Und das Wasser war himmlisch warm.

Jenny: Warum könnt ihr euren Nachwuchs eigentlich nur im warmen Wasser gebären?

Pottwal: Na, hör mal! Walbabys fehlt noch der Blubber, die wärmende Fettschicht. Frieren soll mein Baby nicht.

... schön warm!

Jenny: Und wie lange bleibt Giganto-Baby noch bei dir?

Pottwal: Ein gutes Jahr noch. Dann ist er groß und kommt allein zurecht. Schnief!

Jenny: Jetzt ist er ja noch da. Er braucht dich doch.

Pottwal: Ich bringe ihm alles bei: Springen, Jagen und Lauteplappern. Nur schwimmen konnte er gleich – das muss wohl angeboren sein.

Jenny: Hat Giganto eigentlich Geschwister?

Pottwal: Noch ist er ein Einzelkind. Aber in vier bis fünf Jahren bekommt er vielleicht einen Bruder oder eine Schwester. Wir Pottwale kriegen nur sehr selten Kälber. Dafür verwöhnen wir die, die wir haben, umso mehr! Ach, da kommt Potty, meine beste Walfreundin. Die hilft mir mit dem Kleinen!

Jenny: Grüß sie von mir. Mir wird's dann echt zu eng! Tschüss.

Paula plappert

Ich mag Filme mit Walen und Delfinen – großes Kino! In „Free Willy" springt ein Orca in die Freiheit. In „Findet Nemo" spricht ein kleiner Fisch mit einem großen Meeressäuger „walisch". Mein Lieblingsfilm ist „Whale Rider". Ein kleines Mädchen aus Neuseeland beweist jede Menge Mut und rettet einen gestrandeten Wal.

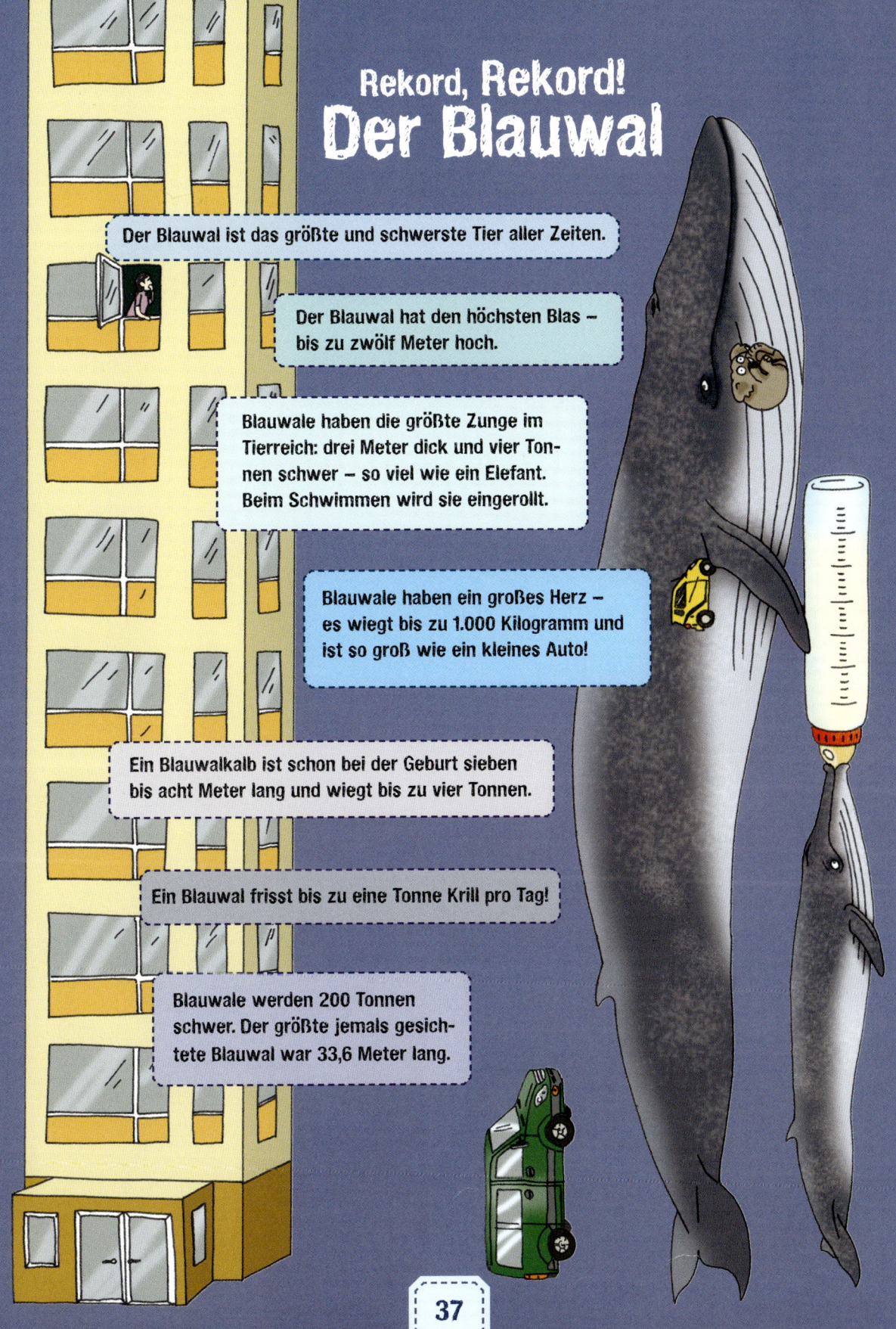

Rekord, Rekord!
Der Blauwal

Der Blauwal ist das größte und schwerste Tier aller Zeiten.

Der Blauwal hat den höchsten Blas – bis zu zwölf Meter hoch.

Blauwale haben die größte Zunge im Tierreich: drei Meter dick und vier Tonnen schwer – so viel wie ein Elefant. Beim Schwimmen wird sie eingerollt.

Blauwale haben ein großes Herz – es wiegt bis zu 1.000 Kilogramm und ist so groß wie ein kleines Auto!

Ein Blauwalkalb ist schon bei der Geburt sieben bis acht Meter lang und wiegt bis zu vier Tonnen.

Ein Blauwal frisst bis zu eine Tonne Krill pro Tag!

Blauwale werden 200 Tonnen schwer. Der größte jemals gesichtete Blauwal war 33,6 Meter lang.

Auge in Auge mit dem
Buckelwal

Meine Freunde nennen mich „Wet" – Wet Atkins. Auf Englisch heißt mein Vorname „nass". Schließlich war ich schon als Kind eine echte Wasserratte. Jetzt bin ich Unterwasserfilmer und in der Karibik den ganz Großen auf der Spur, den Meistern der Walgesänge – den Buckelwalen.

Nie hätte ich gedacht, dass ein Wal so laut sein kann – mit tiefen Tönen, die meine Atemmaske erzittern lassen. Komisch, dass wir den Burschen nicht sehen. Mein Assistent Bob zeigt auf seine Uhr. Atemluft für 45 Minuten.

Zacken ragen aus dem Meeresboden. Ein Korallenriff – für mich das Schönste, was es unter Wasser gibt. Aus den Absonderungen winziger Tiere sind ganze Landschaften entstanden, die von bunten Meerestieren bewohnt werden. Ich tauche unter einem Schwarm von Papageienfischen durch, als der Wal-Donner zum leisen Zwitschern wird. Bob und ich geben uns Zeichen. So klingen Buckelwale, bevor sie an die Oberfläche steigen. Dann holen sie Luft – und tauchen woandershin. Und wir müssen die Suche für heute aufgeben.

Vor uns liegt ein steiler Grat mit bunten Anemonen. Dahinter geht es in eine Art Schlucht. Jetzt wird es wieder lauter. Logisch, die Wände werfen den Schall zurück! Wir tauchen durch den Spalt und dann sehen wir ihn.

Da! Ein Schatten – nein, der riesige Kopf eines Buckelwals, der schräg zur Wasseroberfläche schwebt. Wie erstarrt. Nur die mächtigen Brustfinnen bewegen sich ganz leicht. Ob er uns bemerkt? Wir benutzen ein Gasgemisch, das keine verräterischen Luftblasen aufsteigen lässt. Vielleicht hält er uns ja für Riesenschildkröten! Ich drücke Bob die Kamera in die Hand. Ich will so nah ran wie möglich. Hinter Peitschenkorallen und hohen Meerespflanzen suche ich immer wieder Deckung.

Schon erkenne ich deutlich die Furchen an seiner Kehle. Normalerweise halten die Wale Abstand zu Menschen. Ich stoße mich vom Meeresboden ab – und schaue ihm ins Auge. Er erwidert den Blick, fast gleichgültig. Dann dreht er majestätisch ab und schwimmt, nein schwebt, dem Sonnenlicht entgegen, das durch die Wasseroberfläche glitzert. Mein Herz klopft. So nah bin ich noch keinem Wal gekommen.

Das kitzelt!

Lecker! Auf der Haut von Buckelwalen klebt Futter für mich — Seepocken!

Carlo kennt sich aus

Den Gesang der Buckelwale kann man über viele Hundert Kilometer hören. Die Tiere haben feste „Melodien", die sie manchmal verändern. Auch Menschen hören gut unter Wasser, können aber nur schwer die Richtung bestimmen, aus der der Schall kommt.

Was kann der Buckelwal?

Fressen ...

... aus dem Wasser springen ...

... das Männchen beeindruckt das Weibchen mit Blubberblasen.

BAFF! Wissen Steckbrief

Buckelwal

Familie: Bartenwal
Größe: 11,5–15 Meter
Gewicht:
25–30 Tonnen

Merkmal:
Wasserstar! Buckelwale sind ausgezeichnete Sänger, ihre Melodien kann man mehrere Kilometer weit hören.

Echoortung und
Wasser-Gequassel

Jenny und Jan tauchen zu einem Unterwasserkonzert –
mit Spezialkopfhörern hören sie alles!

Jenny: Ganz schön laut hier!

Jan: Da soll noch mal einer sagen, ein Wal ist stumm wie ein Fisch.
Wale und Delfine plappern den ganzen Tag miteinander. Diese Geräu-
sche dienen zur Orientierung. Im Wasser, vor allem tief unten, können
die Tiere nur sehr schlecht sehen – und riechen können sie gar nicht.

Jenny: Moment mal – ich höre ein lautes Fiepsen und Klickern – das
kitzelt im Ohr! Und noch was – ein Geräusch, das wie eine knarzende
Tür klingt!

Jan: Zahnwale. Vielleicht ein Großer Tümmler? Es könnte auch ein Schwertwal sein. Zahnwale verständigen sich vor allem über Klicklaute. Sie klickern fast die ganze Zeit. Das nennt sich Echoortung.

Jenny: Echo? Gibt es auch in den Bergen. Wenn man da laut ruft, hört man seine eigenen Worte noch mal als Echo.

Jan: Genau. Der Schall deiner Worte wird von den Bergen zurückgeworfen. Ähnlich funktioniert die Echoortung von Delfinen. Mit ihren Klick- und Knarzlauten senden sie Schallwellen aus. Wenn die auf ein anderes Tier treffen, werden sie sofort zurückgeworfen – je nach Entfernung schneller oder langsamer. Der Delfin fängt das Echo wieder auf. So macht er sich ein Bild von seiner Umgebung und erkennt sein Futter mit geschlossenen Augen.

Jenny: Der Delfin sieht also mit den Ohren! Und was ist das für ein Pfiff?

Jan: Den „Pfiff" hat ein Delfin ausgestoßen. Wenn Delfine einen Fischschwarm aufgestöbert haben, beginnt die Jagd in der Gruppe. Und damit jeder weiß, was er zu tun hat, klicken und pfeifen sie, um sich abzustimmen. Sie kreisen den Schwarm ein, verwirren die Fische und hindern sie am Wegschwimmen.

Jenny: Oh, jetzt kommen hier aber ganz andere Töne auf!
Soooo tief und laaaang. Fast ein bisschen traurig.
Ist das ein Buckelwal?

Jan: Gut erkannt! Buckelwale können einen ganzen Tag lang ohne Pause singen. Dabei wiederholen sie immer wieder dieselben Töne, als würden sie ein Lied üben.

Jenny: Warum singen Wale denn so gerne?

Jan: Männliche Buckelwale locken damit Weibchen an – während der Paarungszeit. Vielleicht schüchtern sie auch Rivalen ein. Auch andere Wale singen. Finnwale brummen tief, um mitzuteilen, wo sie sind. Aber ganz genau weiß das niemand. Vielleicht erzählen sie sich, wie es ihnen geht oder ob sie in Not sind.

Jenny: Spannend. Und ... AUA! WAS IST DAS DENN FÜR EIN LÄRM?

Jan: Das ist kein Tier – das ist ein Kreuzfahrtschiff. Stell dir mal vor, so eines zieht ständig vor deiner Haustür vorbei. Kein Wunder, wenn die Wale durchdrehen. Manche Schiffe senden auch eigene Schallwellen aus. Die sind auch ziemlich unerträglich. Delfine können durch solche Schallwellen sogar taub werden.

Jenny: Kein Wunder! Mir rauscht schon die Birne!

Carlo kennt sich aus

Zahnwale erzeugen die Klicklaute in einem Hohlraum unterhalb ihres Blasloches – in der Nasenhöhle sozusagen. Da wird die Luft zum Schwingen gebracht. So entstehen Töne. In der Stirn liegt die Melone: ein Organ aus Fettgewebe. Dort werden die Töne geformt, gebündelt und in die richtige Richtung gelenkt.

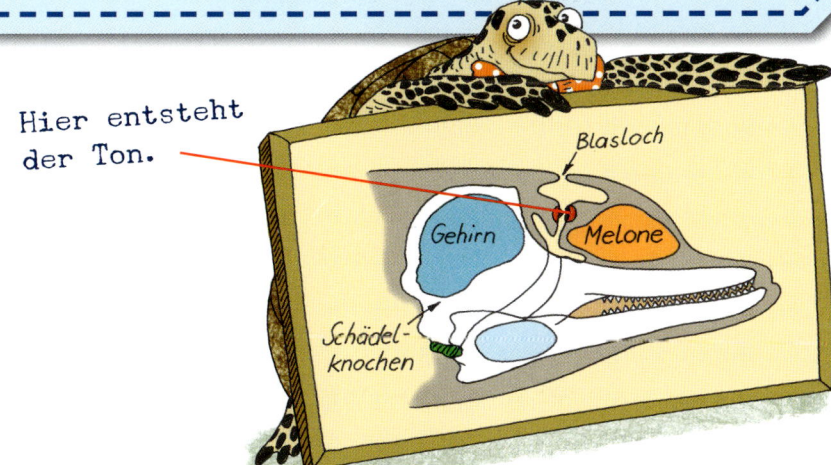

Hier entsteht der Ton.

Blasloch

Gehirn

Melone

Schädel-knochen

Walfang ist verboten. Aber manche halten sich nicht daran. Der 14-jährige Benny nimmt an einer Rettungsaktion teil.

Rettung
in der Antarktis

Die „Fortuna" ist bereit zum Ablegen. Seit Minuten läuft Steuermann Fabio auf und ab, immer wieder blickt er auf das sturmgepeitschte Meer. Der Kutter ist auf dem Weg in die Antarktis – und seine Mannschaft auf einer gefährlichen Mission. Meine Eltern sind Tierschützer und könnten daheim in Deutschland friedlich Weihnachten feiern. Doch in der Antarktis ist Sommer und dann betreiben Walfänger dort ihr verbotenes Geschäft. Gemeinsam mit anderen wollen meine Eltern sie aufspüren und melden. Bei so einer Aktion darf ich das erste Mal dabei sein.

Wochenlang zwischen Eisschollen, 1.000 Seemeilen vom argentinischen Festland entfernt – ich starre in das wirbelnde Weiß. Tja. Da bleibt mir wohl nichts anderes übrig, als Walfänger zu ärgern.

Wer kriegt da kalte Füße?
Ein Sonnentag in der Antarktis.

Wir gleiten durch kristallblaues Wasser. Überall weiße Eisschollen! Unser Steuermann ist auf der Hut. Im Eis sind schon ganz andere Schiffe gesunken als die alte „Fortuna". Ist das eine Schweinekälte – trotz Anorak, Wollpullover und Thermounterwäsche! Vater deutet nach Steuerbord. „Siehst du die Eisberge am Horizont, Benny? Dahinter vermuten wir sie. Sie haben es auf Finnwale abgesehen." – „Und solange ihnen keiner das Handwerk legt", sagt meine Mutter, „werden sie weitertöten."

Die Eisberge schillern in allen Farben. Vor uns liegt ein Stück offenes Meer. Ein idealer Futterplatz für Wale. Und wirklich! Zwei Wale ziehen an uns vorbei. Finnwale! Die grauen Riesen sind scheu. Sie meiden Küstengebiete und sind nur weit draußen im Meer zu beobachten. Auf dem Radar hat der Kapitän ein Objekt ausgemacht – den Walfänger! Sobald er in Sicht ist, werden die beiden schnellen Schlauchboote ins Wasser gelassen. Sie werden das Boot der Walfänger umkreisen – und es daran hindern, Wale zu jagen.

Ein Krebs, Kleinkrebs, Krill ...

Paula plappert

Wale lieben die ant-
arktischen Gewässer.
Hier gibt es viele Nährstoffe für große Men-
gen von leckerem Krill. Die Minikrebse sind
gar nicht so dumm. Sie fressen die Algen vom
Packeis und fliehen im Rückwärtsgang.

Finnwal

Familie: Bartenwal
Größe: 18–22 Meter
Gewicht: 30–80 Tonnen

Merkmal:
Schneller Schwimmer! Weil sie sehr schlank und stromlinienförmig sind, können Finnwale bis zu 50 km in der Stunde schaffen.

„Ich will mit", sage ich. Vater wirft mir eine Schwimmweste zu. Dann greift er zum Funktelefon und alarmiert andere Boote. Wir kommen näher. Was eben noch ein Punkt am Horizont war, entpuppt sich als haushoher Trawler. So nennt man die Walfangboote. Auf dem Bug glänzt die tödliche Waffe in der Sonne – eine Harpune.

Wenige Hundert Meter. Da! Vor dem Schiff schwimmen Finnwale – schnell, als würden sie die Gefahr spüren. Aber nicht schnell genug. Schon sitze ich mit meinen Eltern und zwei weiteren Tierschützern in den Schlauchbooten. Attacke! Daran, dass uns die Walfänger rammen könnten, denke ich nicht. Die Bootsführer machen ihren Job gut. Sie lenken ihre kleinen Boote so geschickt zwischen das Walfangboot und die Wale, dass den Waljägern nichts übrig bleibt, als abzudrehen. Geschafft! Die Wale haben das Weite gesucht.

Abends sitzt die Mannschaft zusammen unter Deck. Alle freuen sich über die Rettung der Wale. Und wissen doch, dass der Kampf gegen die Waljäger noch lange nicht vorbei ist.

Jenny: Walfänger sind ja eiskalt! Wann sind Menschen eigentlich auf die Idee gekommen, Wale zu jagen?

Jan: Schon vor Ewigkeiten. In Skandinavien wurden jahrtausendealte Felszeichnungen entdeckt, die Fischer beim Walfang zeigen. Ein Wal war reiche Beute und konnte ein ganzes Dorf wochenlang ernähren – war aber auch schwer zu erlegen!

Jenny: Wie jagte man denn damals Wale?

Jan: Die Jäger verfolgten den Wal mit Ruderbooten – bis in die Antarktis. Wenn sie einen Wal gesichtet hatten, warfen sie eine Harpune nach ihm, einen Speer mit einer gekrümmten Spitze. Langsame Wale wie der Grönlandwal wurden damals schon fast ausgerottet.

BAFF! Wissen Steckbrief

Grönlandwal

Familie: Bartenwal
Größe: 14–18 Meter
Gewicht: 60–100 Tonnen

Merkmal: Fettwanst!
Der Grönlandwal besitzt eine 60 Zentimeter dicke Fettschicht, die ihn vor den eiskalten arktischen Temperaturen in seiner Heimat schützt.

Jenny: Aber Blauwale sind doch ziemlich schnell!

Jan: Die Schiffe wurden noch schneller und die Waffen gefährlicher. Irgendwann erfand man die Harpunenkanone. Damit sprengte man den Wal regelrecht in die Luft. Die Tiere hatten keine Chance mehr.

Jenny: Aber warum haben sie das getan?
So viel Walfleisch kann doch niemand essen!

Schluss mit Walfang!

Das norwegische Harpunenschiff rostet vor sich hin.

Stoppt den Walfänger!
Die Tierschützer sind
nicht aufzuhalten.

Jan: Die Jäger haben nicht nur das Fleisch verkauft. Aus dem Blubber machten sie Waltran – eine Art Öl, das für Lampen, Farben, Seifen oder Salben verwendet wurde. Diese Produkte waren sehr gefragt – und dafür brauchte man viele Wale.

Jenny: Heute ist die Waljagd doch verboten, oder?

Jan: Eigentlich schon. Seit 1986 gibt es ein weltweites Gesetz dagegen – mit Ausnahmen. Urvölker wie die Inuit, die immer schon Wale für den eigenen Gebrauch jagten, dürfen weiterhin jedes Jahr ein paar erlegen. Und einige Länder jagen zu „wissenschaftlichen Zwecken". Völliger Humbug, wenn du mich fragst! Niemand muss Dutzende Wale töten, um sie zu „untersuchen".

Jenny: Und dann gibt es ja auch noch die Gefahren durch Schifffahrt und Fischerei, oder?

Jan: Stimmt! Hunderttausende Wale und Delfine stoßen mit Schiffen zusammen oder verfangen sich in Netzen. Vor allem kleinere Wale landen als unerwünschter Beifang im Fischernetz und werden verletzt wieder über Bord geworfen. Oder sie geraten in kilometerlange

Unterwassernetze und ersticken, weil sie nicht mehr Luft holen können. Die Leinen sind so dünn, dass die Tiere sie mit der Echoortung nicht erfassen. Dabei könnte man das alles verhindern.

Jenny: Wie denn?

Jan: Man könnte die Delfine mit Schallwellen von den Netzen weglotsen. Außerdem gibt es Netze mit „Fluchtklappen", durch die Delfine rausschlüpfen können. Aber die werden viel zu selten benutzt.

Jenny: Zum Glück gibt es ja immer mehr Menschen, die Wale schützen wollen!

Jan: Genau. Ob auf See auf der Suche nach Walfängern oder bei Protesten in Städten: Viele Menschen und Organisationen wie „Greenpeace" oder „Sea Shepherd" setzen sich für die Wale ein. Wir sollten die Wale schützen – sonst können wir sie irgendwann nur noch im Museum bewundern.

Wir machen mit!

WIR PROTESTIEREN!

STOP WHALING!

Schluss mit sinnlosem Walfang! GREENPEACE

Protest! Protest! Walfanggegner in Berlin

Einmal im Jahr treffen sich
alle Meeresbewohner. Zumindest bei BAFF!
Carlo ist dabei.

Die Konferenz der
Meerestiere

Schwimmen dort etwa Pfeile? Nein, winzige Tierchen. Sie weisen den Weg zur Unterwasserhöhle. Wozu Plankton alles gut sein kann! Da ist auch schon mein Freund, der Hummer. „Worum geht's denn heute, alte Knackschere?", frage ich ihn. Er schaut sich ängstlich um. „Um den S-superfeind", lispelt er. „S-sein Erscheinen ist s-sogar angekündigt!" Aha? Bevor ich die nächste Frage stellen kann, schießen dunkle Schatten an uns vorbei. Seewölfe. Der Hummer ist verschwunden.

Welchen Superfeind er wohl gemeint hat? Tief unten im Meer ist doch keiner vor dem anderen sicher. Gerade schwebt eine leckere Ohrenqualle an meiner Nase vorbei. Als ich zuschnappen will, winkt sie mit ihrem weißen Schleier und wispert: „Frieden!" Richtig. Am Tag der Konferenz müssen sich alle daran halten.

Monster in der Tiefe? Nein, diese Seewölfe sind Fische.

Ein Schwarm von nervösen Heringen bewacht den Eingang zur Höhle. „Parole?" – „Äh ...", sage ich. „Stimmt!", tönt es vielstimmig. Das war ja einfach! „Kommt ihr später nach?", frage ich der Höflichkeit halber. Ein stacheliger Königshering gibt die Antwort. „Wohl kaum. Wie ich höre, sitzt der Superfeind schon drin."

Sie geben den Weg frei und ich lasse mich von einer warmen Strömung in die Höhle treiben – an die Seestern-Theke, wo ein Thunfisch Heringswitze erzählt. Ich stupse ihn an. „He, wo ist denn nun der Superfeind?" Thuni dreht sich zu mir herunter. „Hallo, du Fresspaket!", brüllt er, als wäre ich schwerhörig. Ein kleiner Dornhai lacht. „Eins weiter", sagt der Thunfisch und deutet mit der Schwanzspitze nach hinten. „Er ist laut und riesengroß – der Superfeind."

In der Korallendisko ist was los. Das Gegröle eines Schwertwals übertönt alles. Ist das der – Superfeind? Um den schwarz-weißen Burschen ziehen Leuchtquallen und Laternenfische ein Lichtgewitter ab. Zwischen den Blitzen erkenne ich Riesenkalmare. Sie tanzen wild und schießen wie Korken an die Decke. Mit ihren Tentakeln sind sie über 20 Meter lang. Unheimlich! „Das ist der Superfeind", brüllt mir ein Seehecht ins Ohr – und ich stelle mir vor, dass er vielleicht recht hat.

Plötzlich ein mächtiges Brüllen. Die Riesenkalmare nehmen Reißaus. Ein Auge, groß
wie ein Bullauge, stiert durch ein Felsenloch.
Der alte Pottwal! Na klar, das ist der Superfeind. Das größte und stärkste Tier im Meer,
Schrecken der Riesenkalmare. Doch der Riese
klingt betrübt. „He Leute, könnt ihr mir mal
helfen? Ich schaff das nicht alleine."

Alle schwimmen nach draußen. Die
Schwanzfluke des Pottwalbullen hat sich
verfangen – in einer riesigen ... wie heißt
das Wort noch? Da ertönt die Stimme des
Hummers dicht neben mir. „Plas-tikplane",
lispelt er. „S-supergefährlich für alle Tiere!"

Delfine befreien den Wal von dem weißen
Ungeheuer, das nun wie eine Riesenqualle
im Meer schwebt. Sieht eigentlich ganz harm-
los aus. Aber einer meiner Delfinfreunde ist
beinahe daran erstickt. Ein anderer hat sich
in einem Fischernetz verfangen und dann
dieses giftige Öl aus den Riesenschiffen ...

„Jetzt weiß ich, wer der Superfeind ist",
sage ich zum Hummer.
Und du – weißt du es auch?

Wäre ich ein guter Meeresbiologe?

Ein Test für alle

Beantworte einfach die Fragen. Die Auswertung steht auf Seite 62.

1 Delfingehirne sind so groß wie Menschen-gehirne. Warum ist eigentlich nicht Flipper der Chef?

☐ Weil der lieber rumschwimmt und Trottellummen ärgert.

☐ Weil Delfine ihr Gehirn anders benutzen als Menschen.

Schlau — und frech, die Delfine!

2 Trotzdem sind Delfine so schlau, dass einige von ihnen ...

☐ ... eine Zeichensprache aus Handzeichen verstehen.

☐ ... immer wieder BAFF! Bücher vorgelesen haben wollen.

3 In der Urzeit war doch alles mega, oder? Wer hatte mehr auf den Rippen?

☐ Unser friedlicher Blauwal, der sich von kleinen Krebsen ernährt.

☐ Der mächtige Megalodon-Hai, das Monster der Urmeere.

4 Delfine sind schnell wie Motorboote. Wie machen sie das bloß?

☐ Sie legen den Delfinturbo ein.

☐ Sie reiten auf der Bugwelle – schneller, als sie schwimmen können.

5 Forscher wissen, dass Wale miteinander reden. Aber in welcher Sprache?

☐ In ganz unterschiedlichen „Dialekten" – je nach Meeresecke.

☐ In einer Walsprache, die alle Wale verstehen.

6 Essen macht durstig. Müssen Wale und Delfine eigentlich trinken?

☐ Klar, jede Menge. Maul auf, Wasser rein!

☐ Nein, sie nehmen das Wasser über die Nahrung auf.

7 Wenn ein Wal so schwer ist, warum geht er dann nicht unter?

☐ Das Salzwasser gibt ihm mächtig Auftrieb.

☐ Sie haben so viel Luft in den Knochen wie eine Hüpfburg.

8 Wahre Wunderwesen, diese Wale. Was können sie denn nicht so gut?

☐ Sie sind ziemlich kurzsichtig.

☐ Sie können überhaupt nichts riechen.

Jenny und Jan
sagen Tschüss

Jenny: Jetzt möchte ich gerne einen lebenden Wal sehen – natürlich in Freiheit.

Jan: Da musst du ein bisschen verreisen. Zum Beispiel nach Südafrika. In einer Bucht vor der Stadt Hermanus tummeln sich von Juni bis November dutzende Südkaper. Einmal habe ich sogar eine weiße Walmutter mit ihrem Kalb gesehen.

Jenny: Muss man dann stundenlang auf der Lauer liegen?

Jan: Nicht unbedingt. Da gibt es sogar einen „Walwächter", der in eine Trompete bläst, wenn Wale in Sicht kommen.

Jenny: Nimmst du mich mit, wenn du da mal hinfliegst?

Jan: Ja, gern. Am besten in den Schulferien – damit du keinen Stress mit deinen Lehrern bekommst!

Jenny: Mach dir keine Sorgen. Ich lerne fleißig – Walisch! Woaoaoaoaohhh ...

Tschüss, Carlo. Ich flieg jetzt zum Krillfest — am Strand.

Lass noch was über, Paula. Ich komm nach!

Paulas Museumstipps

Ozeaneum Stralsund:

Hier können sich nicht nur zukünftige Biologen auf eine Expedition ins Walherz begeben, schwebenden Walen beim Gesang lauschen und den „Kampf der Giganten" zwischen Pottwal und Riesenkalmar beobachten! *www.ozeaneum.de*

Das Zoologische Museum Kiel:

Welche Wale leben in der Ostsee? Und wie kam der Große Tümmler bis nach Kiel? *www.zoologisches-museum.uni-kiel.de*

Senckenberg Naturmuseum Frankfurt:

Unter den riesigen Walskeletten befindet sich auch das sagenumwobene Einhorn der Meere. *www.senckenberg.de*

SEA LIFE:

Delfine sollten in Freiheit leben – und darum sieht man keine in den sieben deutschen SEA LIFE-Aquarien zwischen Timmendorfer Strand und München. Dort gibt es andere Meerestiere wie Schildkröten, Rochen und Ammenhaie. *www.visitsealife.com*

Multimar Wattforum Tönning:

Auge in Auge mit einem Pottwal erfahren, was Wale im Watt verloren haben. *www.multimar-wattforum.de*

Ein Erlebnispark mit Orcas? Den gibt's in Kanada.

Auflösungen

Seite 9:

Fluke = Schwanzflosse/Finne = Rückenflosse/Flipper = Brust-flosse/Furchen = Rillen an der Kehle/Blasloch = Nase/Blubber = Speckschicht unter der Finne/Barten = Zahnersatz :-))

Seite 58–59: Test

1 Delfine ticken anders als Menschen.

2 Sie verstehen eine Zeichensprache.
   Und lesen die BAFF! Bücher selber :-))

3 Der Blauwal ist schwerer als der Megalodon-Hai.

4 Delfine surfen auf der Welle.

5 Joa mei! Es gibt Waldialekte.

6 Über die Nahrung nehmen Wale Wasser auf.

7 Der Auftrieb sorgt dafür, dass der Wal nicht sinkt.

8 „Ich riech nix", sagt der Wal.

Zum Zeitpunkt der Drucklegung wurden die im Buch angegebenen Internetadressen auf ihre Richtigkeit hin überprüft. Adressen und Inhalte können sich jedoch schnell ändern. So können Internetseiten für Kinder ungeeignete Links enthalten. Der Verlag kann nicht für Änderungen von Internetadressen oder für die Inhalte auf den angegebenen Internetseiten haftbar gemacht werden. Wir raten, Kinder nicht ohne Aufsicht im Internet recherchieren zu lassen.

Bildquellennachweis

1. Auflage 2013
© Arena Verlag GmbH, Würzburg 2013
Alle Rechte vorbehalten
Umschlagtypografie: knaus.büro für konzeptionelle und visuelle identitäten, www.e-knaus.de
Illustrationen: Katja Wehner
Grafische Reihengestaltung: Punkt und Komma, Claudia Böhme
Innengestaltung und Satz: Gabine Heinze/TOUMAart
Gesamtherstellung: Westermann Druck Zwickau GmbH
ISBN 978-3-401-06872-5

www.arena-verlag.de

Volker Präkelt

BAFF! Wissen

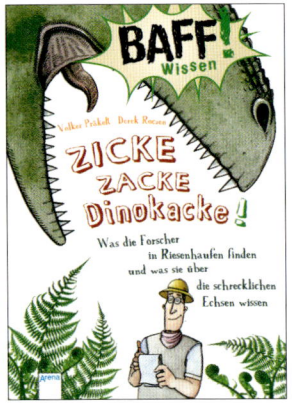

Zicke, zacke, Dinokacke!
Was die Forscher in Riesenhaufen finden und was sie über die schrecklichen Echsen wissen
978-3-401-06776-6

Mensch, Mammut!
Warum der Koloss ein dickes Fell brauchte und was die Ötzi-Forscher vermasselt haben
978-3-401-06778-0

Guck nicht so, Pharao!
Warum Mumien oft beklaut wurden und was die Archäologen über das alte Ägypten herausfanden
978-3-401-06779-7

Lass die Lanze ganz, Lancelot!
Von rüstigen Rittern, lästigen Läusen und warum die Drachen frei erfunden sind
978-3-401-06836-7

Platz da, Pluto!
Was alles im Weltraum abgeht und warum wir nicht in Schwarze Löcher fallen sollten
978-3-401-06837-4

Titus, die Toga rutscht!
Welchen Job ein Konsul hatte und warum man im alten Rom lieber nicht Gladiator werden sollte
978-3-401-06860-2

Als Hörbücher bei Audio Media

Jeder Band:
64 Seiten • Gebunden
Mit Fotos und farbigen Illustrationen
www.arena-verlag.de